道をひらく空海の言葉

監修　高野山　櫻池院　住職　近藤堯寛

はじめに

日本史上、最も有名なお坊さんの一人、空海は活躍した時期から一二〇〇年以上も経た現代でも人々に親しまれています。全国を旅して回ったこともあり、空海さん、弘法大師、お大師様など、さまざまな呼び名があるだけでなく、各地に銅像や信じられないような伝説が語られており、とても身近な存在です。

本書では、そんな空海がどう人々を導いたのか、厳選80の言葉を紹介します。今も昔も、人は悩み多き存在です。壁にぶつかって身動きが取れない、勇気が出なくて二の足を踏む…そんな悩みや不安が絶えない現代を「今日一日を頑張ろう」と思って生きられる、珠玉の名言集をお届けします。

第一章　迷いを断ち切る言葉

第二章　心がふっと軽くなる言葉

第三章 人に優しくなる言葉

第四章 自信が湧いてくる言葉

第六章　人生を切り開く言葉

年表・用語集

第一章　迷いを断ち切る言葉

悲観的な心が視界を狭める

心暗きときは、即ち遭う所悉《ことごと》く禍《か》なり
（性霊集《しょうりょうしゅう》）

仕事で大きなミスをしたり、人間関係がうまくいかなかったり…。失敗やトラブルが続くと、誰でも「どうして自分ばっかり」と悲観的になるものです。しかし、空海はこうした不安や迷いといった暗い心こそ、災いを呼び込むといいます。

生きているかぎり、辛いことは避けて通れません。大切なのは心まで暗闇にしてしまわないこと。心が暗いままでは、周りにある些細な喜びを見つけることはできません。落ち込むことがあっても、「次はこうしてみよう」と前向きな気持ちで物事に取り組んでいけば、見える風景も変わってくるはずです。

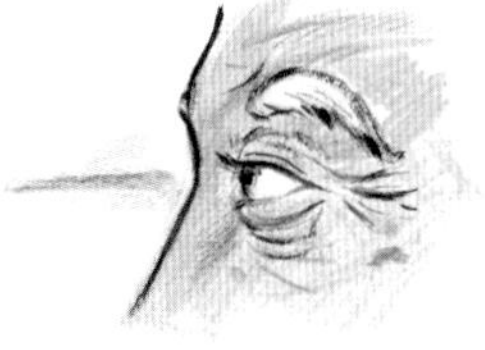

苦しい今もいつかは終わる

冬の凍《こおり》、春に遭えば即ちそそぎ流る
（三昧耶戒序《さんまやかいじょ》）

これまで順調に進んでいたことが、急にうまくいかなくなる。仲良くしていた人と、些細な誤解から関係がこじれてしまう。突然訪れる冬のような厳しい現実

は、私たちを混乱させます。何とか状況を打開しようともがくほどに、変わらない状況に絶望してしまうのです。

しかし、時とともに、氷は少しずつ溶けていきます。そしてある時、その氷が溶けきり、水となって流れ出すのです。

季節が移ろいゆくように、いつか状況が好転する日はやってきます。その希望を忘れずに、今の自分にできることを見つけていきましょう。

他人のことを言う前に自分と向き合う

痛狂《つうきょう》は酔わざるを笑い、酷睡《こくすい》は覚者《かくしゃ》を嘲《あざけ》る
（般若心経秘鍵《ひけん》）

自分のことを棚に上げ、正しく生きている人を批判するのは愚かなこと。それは酒に酔った人が、そうでない人を笑ったり、まだ寝ぼけている人が、すでに目覚めている人をばかにしたりしているようなものです。自分はまともなことを言っているつもりでも、いかにみっともないことかに気づかなければなりません。

空海の著作である『吽字義《うんじぎ》』の一節に「常に三毒の事に酔うて幻野に荒猟して帰宅に心なく、夢落《むらく》に長眠《じょうみん》す。覚悟いずれの時ぞ」というものがあります。これは貪欲《とんよく》（名誉や財産を貪《むさぼ》る心）、瞋恚《しんい》（怒りの心）、愚癡《ぐち》（道理を理解していないことによる愚かな心）の「三毒」によって迷いの世界をさまよう人を表した言葉です。幻の荒野で猟にふけり、帰宅するのを忘れるかのようであり、また夢の村落で眠りこけるかのような、心乱れた人に対して「いったいいつになったら目を覚ますのだ」と指摘しているのです。

私たちは他人の生き方に口出しする前に、自分が迷いの世界にいることに気づかなくてはいけません。一時の快楽を求めたり、だらだらと時を過ごしたりしても、苦しみから逃れることはできません。きちんと目を覚まし、自分の姿と向き合うことが、正しい道を進むためのはじめの一歩となるでしょう。

悩み抜くからこそ出せる答えがある

経路未だ知らず。岐《ちまた》に臨んで幾度か泣く
（性霊集）

この言葉は、空海が自身の若き日を振り返り、「どの道に進むべきかわからず、分かれ道を前にして何度泣いたことだろう」と述べたものです。「泣く」という言葉には、血を吐くほどの苦悩が表現されています。空海のような偉人であっても、何が正しいのかがわからず立ち止まり、悩んだ日々があるのです。

人生で重大な岐路に立たされた時、一人で考え、決断することはとても苦しいものです。しかし、自分が進むべき道は自分にしか決められません。決して投げ出さず、とことん悩み抜きましょう。

悩み迷っていることを自覚する

三界《さんがい》の狂人は狂せることを知らず、
四生《ししょう》の盲者は盲《もう》なることを識《さと》らず（秘蔵宝鑰《ひぞうほうやく》）

人生に悩み迷っている時、その取り乱した状態を自覚することはなかなかできません。周りの人からのアドバイスにも耳を貸さず、「自分は大丈夫だ」とますます盲目になっていくこともあるでしょう。

迷いの世界にいる自分を客観的に見ることは、時に辛く、恥ずかしい思いをするかもしれません。しかし、自分で自分の心の状態に気づかなければ、そこから抜け出すことはできないのです。あれこれ動きたくなる気持ちを抑えて、静かに自分の正直な心と向き合ってみてください。そこから得られる小さな気づきが、迷いを断ち切るヒントになるでしょう。

道がひらける鍵は、人と機縁

時至り人叶《ひとかな》いて、道、無窮《むきゅう》に被《こうむ》らしむ。
人と時と矛盾なれば、教《きょう》、すなわち地に堕《お》つ（性霊集）

「時が熟し、相応する人物が現れれば、道はひらけて教えはどこまでも広がる。しかし、人と時が矛盾すれば、教えは廃れ、地に堕ちる」。

これは唐への留学から帰国の途についた空海が、越州（現在の浙江《せっこう》省紹興《しょうこう》）に滞在し、地方長官に仏教や儒教などの経典類を求めた際の書状の一節です。この文章は最後に

「人を待ち時を待つ」という言葉で締めくくられます。つまり、「この経典にとって、必要な時期に、必要とすべき人（＝空海）を待っていた」ということを暗に伝え、書物を持ち帰ることを懇願したのです。そして、実際に空海がこれらの貴重な経典を持ち帰ったことで、教えは遠く離れた日本に広がり、多くの人々が救われることとなりました。

私たちの人生においても「このタイミングで、出会うべくして出会った」「まさにあなたのような人が現れるのを待っていた」というような素晴らしい出会いがあるはずです。自分にとって必要な時期に、必要とする人物と出会うことで、それまで立ち込めていた霧が一気に晴れることもあるでしょう。

うまくいかない時は、まだ機が熟していないだけかもしれません。焦らず、諦めず、心を落ち着かせてその時を待ちましょう。

喜びも悲しみも自分を磨くものとなる

一たびは喜び　一たびは悲しんで　心魂持《たも》ち難し
（性霊集）

長い人生の中では、うまくいく時期とそうでない時期が交互に訪れます。どちらかだけが続くことはありません。空海のこの言葉のように、人生は悲喜こもごもに訪れてくるものです。

仏教において、逆境は仏さまが与えてくださる智慧《ちえ》の試練であり、順境は仏さまの慈悲だとされています。ですから、逆境の中にあっても何とかしようと無理に抗《あらが》うのではなく、流れに身を任せることも大切です。そしてうまくいっている時には、慢心しないこと。試練に耐え、喜びは周囲と分かち合うことで、心は磨かれていくでしょう。

自分が得た学びは、他人のために使う

智鏡《ちきょう》心に処すれども、縁なくばすなわち利物の力を欠く

（性霊集）

空海は、「心に悟りの智慧《ちえ》を映す鏡があっても、実践しなければ人々を救うことはできない」と言います。どんなに優れた能力があっても、それを心の中に秘め、他人のために使わなければ宝の持ち腐れだといえるでしょう。

本を読んだり、勉強したりすることは大切です。しかし、ただ机上で学び、能力を得

たようなつもりになっていても、それを活用しなければ自己満足に終わってしまうのではないでしょうか。

まだ荒削りの状態であったとしても、自分が得たものをアウトプットし、人や社会のために使う。そうすることで学びが深まり、自分の進むべき道がはっきりしてくるのです。

悪いことをすれば、すべてが台無しになる

邪見《じゃけん》を発起《ほっき》すべからず、善根《ぜんごん》を断ずるがゆえに
（秘密三昧耶仏戒儀《さんまやぶっかいぎ》）

仏教には「善因善果《ぜんいんぜんか》」「悪因悪果《あくいんあっか》」という言葉があります。これは、善い行いをすれば善い結果が、悪い行いをすれば悪い結果がもたらされるという意味です。どんな種を蒔《ま》くかによって咲く花が決まるように、行いと結果は結びついているのです。

これまでコツコツ積み重ねてきた善い行いがあっても、出来心で悪事をはたらいて

しまったら、すべて台無しになってしまいます。たとえ普段真面目で周りから信頼を得ていても、たった一つの過ちをおかすことで、せっかく築いた信頼をあっという間に失ってしまうこともあります。

空海は、私たちすべての人の心の中には悪い心と善い心の両方があり、その善い心を広げるように生きなければならないと言っています。他人のためにできるささやかな善は、日常に溢れています。近くで困っている人に声をかける、電車の中で妊婦さんやお年寄りに席を譲るなど、小さな善を積み重ねることで自分の心も清々しくなるものです。

今の自分の行いが未来につながっている。そう考えれば、甘い誘いの手を振り払い、善い行いを続けていけるでしょう。

小さな積み重ねが大きな目標に通じる

遥かなるを渉《わた》るには近きよりす
（五部陀羅尼問答偈讃宗秘論《ごぶだらにもんどうげさんしゅうひろん》）

勉強や趣味など、新しいことを始めようとする時、「簡単にできる」「すぐに上達する」というキャッチコピーの本や講座を手に取りたくなりませんか。
忙しい毎日の中では、できれば何でも早く習得したいと考えがちです。しかし、一見上手にできているようなことでも、中身がなければすぐに足元がぐらついてしまいます。遠くにある大きな目標を達成するためには、小さな一歩一歩を積み重ねるしかありません。地味に見える基礎的な練習や勉強も、毎日少しずつ続けていくことで確実に力をつけることができるのです。

落ちついた心と深い理解が、結果をもたらす

男女の因縁ゆえに諸《しょ》の子孫を生成《しょうせい》するがごとく、定慧《じょうえ》和合《わごう》してよく仏果《ぶっか》を生成することもまたかくのごとし（金剛頂経開題《こんごうちょうきょうかいだい》）

「男女が結ばれて子どもが生まれるように、定《じょう》（心を落ち着かせること）と慧《え》（智慧《ちえ》）が合わされば悟りの境地に達することができる」という意味の言葉です。

仏教では「戒学《かいがく》」「定学《じょうがく》」「慧学《えがく》」を「三学」といい、自らが悟りを得るための基本的な修行とされています。戒学は戒律を守ること、定学は心を落ち着かせて精神を統一

すること、慧学は智慧を身につけることを表しています。智慧というのは、物事を正しく理解し、真理を見極めることで、知識や判断力など表面的なものではありません。戒律を守ることで心が安定し、仏さまの教えをより深く理解できるというように、三学はそれぞれが関わり合いながら成り立っているので、どれか一つでも欠ければ、悟りを得ることはできません。

何か結果を出したいと意気込んでいる時、焦りから心が乱れたり、物事の表面的なところだけを捉えて次に進もうとしてはいないでしょうか。そのような状態では、たとえ自分が違う方向に進んでいたとしても、それに気づかないかもしれません。深呼吸で心を整え、物事をじっくり深くまで考え抜きましょう。たとえ時間がかかったとしても、いつか望むところに到達できるはずです。

言い訳をやめ、挑戦する

迷悟《めいご》我に在れば、発心《ほっしん》すれば則ち到る
（般若心経秘鍵）

暗闇のような迷いの世界も、明るい悟りの世界も自分自身の中にある、と空海は言います。ですから、悟りを求めようとする決意さえあれば、誰でも悟りの境

地に至ることができるというのです。
私たちは経験を重ねるにつれ、新しい一歩を踏みだすことに臆病になりがちです。しかし、年齢や境遇などさまざまな理由をつけて挑戦を諦めていては、いつまでも心のもやもやが晴れることはありません。やってみたいことがあるのならば、たとえ険しい道であっても、勇気をもって挑みましょう。その強い決意こそ、道をひらくために必要なのです。

名誉や立場を離れ、無心で取り組む

古《むかし》の人は道のために道を求む。今の人は名利《みょうり》のために求む。
名のために求むるは求道《ぐどう》の志にあらず
（性霊集）

空海が持つ密教の経典を借してほしい、と頼んできた最澄への返事の手紙に書かれた一節です。空海は、道を求めるのは名誉や利益のためではないと述べ、最澄の依頼を断りました。

密教は法によって修行することが最も重要です。受法は阿闍梨《あじゃり》から直接に印契《いんげい》（身）

と真言（口）と観念（意）の「三密」の指導を受けて体得していかなければなりません。ところが、最澄の密教を学ぶ姿勢は、経典の借覧を重ね、文字の上から探究することに終始しており、密教の実修に重きを置いていませんでした。そのため、空海は最澄と決別することになりました。

空海の別の言葉には、「今人は書を読むも但名《ただ》と財のためなり」というものもあります。昔の人は道を学ぶ時に自分の利害を考えることがなかったのに、今の人は本を読む時でさえお金や名誉を得ることを考えているというのです。

何かを目指そうと思う時、その志が純粋なものかどうか、一度自分自身に問うてみてください。自分の欲ではなく、純粋な心で学び、無心で道を求める姿勢がなければ、何事も究極の境地に達することはないでしょう。

コラム

空海の誕生と成長

空海は七七四年に讃岐国《さぬきのくに》に生まれ、真魚《まお》という幼名をつけられました。父は讃岐国多度郡一帯を治める国造《くにのみやつこ》、母は代々学問を生業とする阿刀氏の出身でした。国造である父のもとで育って幼い頃から仏教に親しみ、また読み書きにも優れていたため、両親は「貴物《とうともの》」と呼んで彼のことを大切に育てました。

一五歳の頃には母方の伯父の阿刀大足に論語などを学び、一八歳で当時の官吏養成機関であった大学に入りました。ここでも儒教を学びましたが、すでに伯父からこれらを教わっていた空海にとって大学の教育内容は不十分なものでした。また官吏を目指す周囲の人々の姿勢にも疑問を感じるようになり、空海は次第に「大学で学んで官吏を目指す」という気持ちが揺らいでいきました。

そんな時、ある僧から「虚空蔵求聞持法《こくうぞうぐもんじほう》」の修行法を授かり、空海は仏教に惹かれていきます。時に空海二〇歳、大学は辞めてしまいました。

第二章　心がふっと軽くなる言葉

出会いを重ね、人生を豊かにする

未だ有らず、一味美膳《びぜん》を作《な》し、片音妙曲《みょうきょく》を調ぶ者は

（性霊集）

一つの味だけで美味しい料理をつくることはできません。また、一つの音だけで美しい音楽を奏でることもできません。料理はさまざまな素材が混ざり

合って豊かな味わいになり、音楽はメロディーや和音が重なることによって美しい響きが紡ぎだされます。

それと同じように、幅広い学びや多くの人との出会いは私たちの人生をより豊かに、深みのあるものにしてくれます。自分と似た考え方をもつ人だけでなく、違った意見の人との交流にも多くの学びがあるはず。さまざまな要素を受け入れ、自分だけの一皿を完成させましょう。

強い思いが夢をつくる

昇悟《しょうご》の機、仰がずんばあるべからず

（性霊集）

空海は「悟りをひらく機会は、常にそれを求める心がなければやってくるものではない」と言います。何事も本気で願い続けなければ、夢や目標を達成することはできないのです。

大きな目標に向かって努力していても、「本当に達成できるのだろうか」「自分にはやっぱり無理なんじゃないか」と不安になることがあります。周りの人から反対されることもあるかもしれません。しかし、夢を叶えるんだという強い願いこそ、毎日の地道な努力を支え、ピンチの場面での原動力になるのです。自分が進むと決めた道であれば、強い気持ちをもって歩み続けましょう。

孤独でも、自分の使命を果たす

家も無く国も無し、郷属を離れたり。
子に非ず臣に非ず子《けっ》として貧に安んず（性霊集）

空海が、「都におりて教えを説いてほしい」という要請に対して答えた手紙の一節です。空海は山中にて、一人厳しい修行に励んでいました。家族や故郷もなく、一人貧しくても、今自分のすべきことがこの場所にあるならば、たとえ名声を得られるとしても、ほかへ行くわけにはいかないのです。

一人でいることは寂しい、孤独だと感じることもあるかもしれません。しかし、一人だからこそ自分を見つめ、静かに心を落ち着けることができます。今の自分がやるべきことに気づいたら、その場所で腰を据えて取り組みましょう。

心の曇りを取り、ものを正しく見る

衆生《しゅじょう》の心清浄《しょうじょう》なるときはすなわち仏を見、
もし心不浄《ふじょう》なるときはすなわち仏を見ず（弁顕蜜二教論《べんけんみつにきょうろん》）

「心が清らかであれば仏を見ることができる。そうでない時は仏の姿を見ることはできない」という意味の言葉です。自分が見ているものの姿は、自分の心が映しだされたものだということを表しているのです。自分の心が曇っていれば、見えるはずのものも見えなくなってしまいます。本来なら美しいはずのものも、何でもないものに見えてしまうでしょう。

私たちがこの世に生まれた時、心はまっさらな状態でした。そして成長とともに、喜びや幸福というプラスの感情だけでなく、恨みや愚痴、怒り、妬みというマイナスの感情もまとい、心を変化させていきます。心の中がマイナスだらけになっていたら、それらを洗い流し、バランスを整える必要があります。

お寺によっては仏像の横に鏡が置かれていることがあります。これは自分の感情と向き合い、心を整えるためであるともいわれています。このような鏡を自分の中にもち、自分の心が今どんな状態かをわかっていれば、周りで起こることも偏りなく見られるようになるでしょう。

幸せも不幸せも、自分の心が決める

楽と不楽と、得と不得と、自心能く為す
（秘蔵宝鑰）

困難な場面に出くわした時、「無理だからやめておこう」と言う人もいれば、「できるかどうかわからないけど、面白そうだからやってみよう」と前向きに行

動する人もいます。同じ出来事であっても、それぞれの心によって見え方は変わってくるのです。
心が澄んだ状態であれば、身近に起こる小さな出来事も幸せに感じ、感謝することができます。
「最近いいことがない」と思ったら、まずは自分の心と向き合ってみてください。心を整えることが、幸せへの鍵となるのです。

香や花のような穏やかな存在に

心を洗って香とし、体を恭《つつし》んで花とす
（性霊集）

空海は、この言葉を用いて天皇の徳の高さを称えました。お香の匂いは乱れた心を鎮め、落ち着きを取り戻させてくれます。また、部屋に飾られた花は、目にする人を優しい気持ちにさせてくれます。

私たちは忙しい毎日の中で、些細なことで相手を責め、ギスギスした関係になることも少なくありません。そしてお互いに心をすり減らしていくのです。人間関係がうまくいっていないと感じたら、他人を変えようとせず、まずは自分が穏やかな存在になるように努めましょう。お香や花のような優しい心で相手と接すれば、自然とその空気は伝わっていくのです。

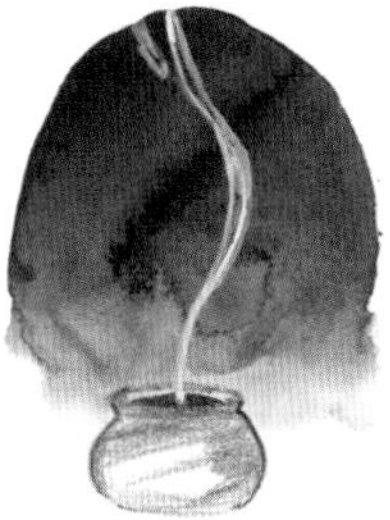

悟りも真理も心の中にある

それ仏法《ぶっぽう》遥かに非《あら》ず。心中《しんちゅう》にしてすなわち近し。真如外《しんにょほか》に非ず。身を棄てて何《いず》くにか求めん（般若心経秘鍵）

「仏さまや悟りの世界は遥か遠くにあるのではなく、自らの心の中、とても近くにあるものです。真理は私たちの外にあるのではないから、自分以外のどこにそれを求めるのですか」。空海が晩年に著した『般若心経秘鍵』の冒頭部にある一節です。

悟りも真理も自分の中にあるものなのに、気づいていないだけだと空海は言っているのです。それは、いくら外に幸せを探しても決して見つからないのと同じかもしれません。すでに自分がもっていることに気づかなければ、いつまでも幸せは実感できないのです。

また、真言密教の経典である『大日経《だいにちきょう》』の中では、「悟りとは、あるがままに自らの心を知ることである」と説かれています。自分自身の善い心も、汚れた心もあるがままに見つめることこそが悟りだということです。

すべての物事が常に移ろいゆくように、私たちの心もいつも変化しています。昨日は「何もかもうまくいきそうだ」と思っていたのに、一日経てば「すべてがうまくいかない」と感じることもあるでしょう。大切なのは、そのどちらの心も正しく見つめること。そして心がふわふわと自分から離れていってしまわないようにすることです。

人生も季節のように巡るもの

それ禿《かぶろ》なる樹、定《さだ》んで禿なるに非ず
（秘蔵宝鑰）

冬に枯れてしまい、悲しげに見える樹木も、やがて春になればつぼみをつけ、たくさんの美しい花を咲かせます。

大きな目標に向かっている間は「努力してもなかなか報われない」「実力はあるはずなのに、活躍の機会がない」と不遇を嘆きたくなることもあるでしょう。しかし、ちょっとした縁やタイミングで人生が一気に好転することも多いもの。たとえ長い冬が訪れたとしても、焦らずに春を待ちましょう。不遇に腐らず、学びによって栄養を蓄えていれば、ふいに訪れるチャンスをものにして見事な花を咲かせることができるはずです。

私もあの人も同じ心をもっている

自身他身一如《いちにょ》と与《とも》に平等なり（性霊集）

空海は、「この世界に存在するすべてのものに異なるものはなく、本質的に平等である」と言います。すべての生けるものには、仏性（心の本性）と法性（ものとして存在させる実体性）が一体としてあるということです。

自分と他者は姿形が違うように見えても、同じ存在であるということを、「同体大《どうたいだい》悲《ひ》」といいます。つまり、指先の痛みは全身の痛みになり、災害の悲しみは国民の悲しみになるのです。他人が苦しみの中にいるとき、慰めたり、同情したりすることは簡単です。しかし、その人の苦しみを丸ごと自分の心として感じることが大切です。

他人の幸福を願い、苦しみを感じ取って断ち切ろうとすることを「慈悲」、幸福をともに喜び、差別や執着を捨てて見返りを求めない心を「喜捨《きしゃ》」といいます。これは菩薩さまの生き方を表すような言葉です。悟りを求める求道者である菩薩さまは、人の苦しみを自分の苦しみとして受け止め、自分よりも先に人々を救おうとしてくださる存在です。

この世に生きているすべてのものは自分と同じ存在であると理解すれば、他者の幸福も自分の幸福と捉えることができるでしょう。

行いが心を清くする

香を執《と》れば自ら馥《かんば》し、衣を洗えば脚浄《きよ》し
（性霊集）

「いつも香を使っていると、体からもよい香りが漂うようになり、川に入って着物を洗えばせせらぎに浸かる足まで洗い流され、清らかになる」と空海は言います。

善行を心がけていれば、周りにも善いことがもたらされ、人のためになるようなことをしていれば、自分の心も清らかになっていくというのです。

大きなことをする必要はありません。相手に笑顔で接したり、親切な言葉遣いをすること、譲り合うことも今すぐできる善い行いです。それは、家族や友人、そして世の中へと広がり、また自分の心を安らかにしてくれるでしょう。

自然を愛する心を大切に

春の華、秋の菊、笑って我に向《むか》えり。
暁《あかつき》の月、朝《あした》の風、情塵《じょうじん》を洗う（性霊集）

「春に山を彩るさまざまな花や、秋に咲く菊は私に笑いかける。夜明けの月や朝の風が心の塵を洗い流してくれる」。この言葉は44ページの句に続き、空海が修行を続ける高野山の美しい風景を描いた文章の一節です。

空海は、都と比べて華やかなものは何一つない高野山での生活の中で、自然の恵みを肌で感じ、鳥のさえずりを聞き、動物たちの戯れを目にすることで心を養ったといいます。豪華な料理はなくても、朝は清らかな谷川の水で口の渇きを潤し、夕方には山の空気を吸い込む。それだけで心身ともに健康を保つことができたというのです。厳しい修行を重ねながらではあっても、空海は自然の中での暮らしに満足していたのでしょう。

季節ごとに移り変わる花や木、一日の中でも変化する空や風に、私たちはどれくらい心を寄せているでしょうか。たまにはスマホやテレビ、パソコンの電源を切って、道の片隅に咲く花を見たり、鳥の声に耳を澄ましたりしてみてください。森や公園で新鮮な空気を吸い込んでみてください。凝り固まった心と体がほぐれ、ゆったりとした気持ちを取り戻すことができるでしょう。

どんな感情の理由も、あなたの心の中にある

水外《すいげ》に波なし、心内《しんない》すなわち境なり
（吽字義《うんじぎ》）

水がなければ波は起きません。波は水がただ変化したものなのです。同じように、心に湧き上がる波風も、私たちの心から離れたところで起こることはありません。また、その悲観的な要素だけを心から取り除くこともできません。

似たような状況でも、腹が立つ時と立たない時があるように、自分の心の状況によっ

て物事の見え方は変化します。相手の感情につられて自分の心もマイナスに傾いてしまうこともあります。大切なのは心を整えること。慌ただしい日々の中でも、静かに自分と向き合う時間をもち、心をフラットな状態にしていきましょう。

笑顔は人の心を和らげる

大慈《だいじ》は楽を与え、大悲《だいひ》は苦を抜く
（秘蔵宝鑰）

仏教における慈悲とは、楽を与え（慈）、苦を抜くこと（悲）です。仏さまは、いつも私たちの苦しみを取り除き、心の安らぎを与えてくださるのです。

慈悲の心をもって他人のために施しをすることを「布施《ふせ》」といい、仏教で悟りを得るために必要な修行である「六波羅蜜《ろくはらみつ》」の最初に挙げられています。お布施というと、金品をお寺に寄付するようなイメージをもつ方もいるかもしれませんが、そんなことはありません。

誰でも日常的に行うことのできる布施として「無財の七施」というものがあります。眼施《がんせ》（優しい眼差し）、和顔施《わげんせ》（あたたかな笑顔）、言辞施《ごんじせ》（愛情のこもった言葉）、身施《しんせ》（体を使って人を助ける）、心施《しんせ》（思いやりの心で人と接する）、床座施《しょうざせ》（自分の席を譲る）、房舎施《ぼうしゃせ》（家に泊まらせるなど、休憩の場を与える）の七つです。これらは、お金や時間がなくてもすぐに周りの人に行うことができるでしょう。

布施を行う時は、自分の欲望や執着は捨て、相手からの見返りは求めないことが大切です。笑顔一つ、心がけ一つで周りの人の心をほぐすことは誰にでもできます。出し惜しみをせず「無財の七施」を続けることで、自分の心も豊かになっていくでしょう。

コラム

空海の生きた時代

空海が生まれたのは奈良時代末期、災害や疫病が多く社会に不安が広がり、それに対応すべく国分寺設置（七四一年～）や東大寺大仏開眼供養（七五二年）などが行われた時期でした。

空海十二歳の時には、仏教勢力の政治介入を嫌った桓武天皇が遷都を決意し、長岡京の建設を始めました。しかし、造営工事の責任者であった藤原種継が暗殺され、事件関係者の変死事件が相次いだため、天皇は再遷都を決意し、七九四年には平安京の造営が始まりました。しかし、これ以降も政治的に不安定な状態が続き、政変も起これば、その被害者の祟りとされる災害や疫病も続発しました。

このような時代に、空海は現世での救いとそのための祈祷を世に広めたのです。特に嵯峨天皇（在位八〇九～八二三年）の信頼を得たこともあって、空海は真言宗の基盤となる施設を一気に整えていくことができました。

第三章　人に優しくなる言葉

どんな相手も自分の姿を映しだしている

一切衆生《しゅじょう》を観ること己身《こしん》のごとし、故に敢えて前人を瞋恚《しんい》せず（三昧耶戒序）

身勝手な振る舞いをする人や、愚痴ばかり言っている人を見ると、つい腹が立ってしまうものです。しかし、空海は、「世の中にいるすべての人々を自分の姿だと思いなさい」と説きます。あなたが腹を立てている人の姿も、自分を映しだしたようなものなのです。

相手の姿は自分自身。そう思えば他人の言動に傷ついたり苛立つことなく、どんな人からも学べるようになるでしょう。苦手だと感じる人と出会った時こそ、自分の襟を正すチャンスです。相手の言動から、自分自身の至らない点に気づき、改善することができるでしょう。

自分よりも他人を思って行動する

善人《ぜんじん》の用心《ようじん》は、他《た》を先とし己を後とす
（三昧耶戒序）

「自分の利益より、他人の利益を優先することが正しい心のはたらきである」という言葉です。仏教の有名な説話で、釈迦の前世である王子が、飢えた虎のために崖から身を投げて自分を殺し、餌となって虎の命を救ったというものがあります。これは究極の捨身ではありますが、自分を差し置いて、まずは人の利益を考えて行動する「利他の精神」は、仏教において理想とする人間の生き方といえるでしょう。

空海の他の著作では、「心の塵である自分への執着は洗い流し、『四量《しりょう》四摂《ししょう》』によって他人の利益となることを行いましょう」と説かれています。四量は、慈、悲、喜、捨（→57ページ）、四摂は布施（財や真理を与えること）、愛語（心のこもった言葉を使うこと）、利行（他の人の利益に力を尽くすこと）、同事（相手と同じ立場に身を置き、ともに行動すること）です。

せわしない社会の中で、つい自分本位な行動をとってしまいそうになったら、この「四量四摂」の一つでも実行してみてください。自分一人の力はとても小さくても、利他の心は人から人へと伝わっていきます。そして多くの力が集まった時、社会はより豊かで安定したものになっていくでしょう。

明るい気持ちで過ごすことの大切さ

心垢《けがらわ》しければ境濁《にご》る
境閑《しずか》なるときは心朗らかなり（性霊集）

心が曇っていれば環境も乱れ、環境が静かであれば心も明るくなる。自分の心と周りの環境は、お互いに影響し合っているといいます。

心が悲観的な状態の時には、他人の意見を攻撃的に感じたり、環境のせいでやりたいことが妨げられているように思うかもしれません。しかし、周りのせいにしたところで人生が変わることはありません。

「自分だけがうまくいかない」という考えはやめ、「やってみたい」「楽しい」と思えることに心を集中させてみてください。それを考えるだけで心が明るくなり、環境も整えば、前向きな日々を送れるようになるでしょう。

他人を思いやり、自分も救われる

それ釈教《しゃっきょう》は浩汗《こうかん》にして際なく涯《はて》なし。
一言《いちごん》にしてこれを蔽《おお》えばただ二利《にり》に在り（御請来目録《ごしょうらいもくろく》）

「仏教の教えは際限なく広大なものですが、一言でこれを表すなら二利に尽きます」という言葉で、空海が唐から帰国し朝廷に提出した請来目録に記されています。二利というのは自利《じり》と利他《りた》のこと。仏さまを拝んでいる時は「自利利他」の願いが同時に含まれています。ところが、多くの人は自分のことばかりを願い、他人の幸福を祈ることを忘れているように思われます。

ボランティア活動や、誰かのために何かをしてあげたことで、自分の心が清々しくなったり、「ありがとう」と言われて元気になったという経験はありませんか。このような満足感は、何かものを手に入れた時とは感じ方が異なるはずです。相手の幸せを思ってとった行動は、自分を救うことにもなるのです。

一方、自分本位の行動は周りの人にも見透かされ、信頼を失ってしまいます。これも結局は自分に返ってくる行いです。

怒りや妬み、不安などがあれば、他人を思いやることはできません。まずは自分の心を整え、家族や身近な人にできる利他を行ってみましょう。

人を責める前に自分を省みる

各々我は是《ぜ》なりと謂《い》い、並びに彼は非なりと謂う
（三教指帰）

子どもの喧嘩を見ると「あの子が悪い」「いや、この子が悪い」と〝自分は正しい、相手が悪い〟とお互いに言い続けています。

大人になった今、私たちはまだ同じことを続けていないでしょうか。それぞれが長い時間をかけて築き上げた常識が違った時、自分の非を認めずにいれば、お互いの主

張は平行線のままなのです。

よい人間関係を築きたいなら、まずは相手と自分のものの見方が違うことを理解しましょう。そして、相手を責める前に自分にも至らない点がないか、省みてください。意地を張らず、自分から歩み寄ることで、相手にも気づきのきっかけを与えられるでしょう。

罪を許し、その人を許す

過《とが》をゆるして新《あらた》ならしむる、これを寛大といい、罪を宥《なだ》めて臓を納める、これを含弘《がんこう》と称す（性霊集）

空海は、仏教徒が守るべき行動規範である「戒」を破った者であっても、それを許し、心を入れ替えて更生することや、過ちに至った事情を汲むことが必要

だといいました。
誰でも、ちょっとした気の緩みで、守るべきルールを破ってしまうことがあります。それを周りの人が事情も聞かずに切り捨ててしまったら、その人はやり直すことができません。
自分には厳しくても、他人には寛容さをもって接する。「自分を許してくれた人がいる」という事実があれば、過ちをおかした人も改心することができるのです。

すべての人は父母であり、自分を支えてくれる存在である

一切の男子《なんし》はこれ我が父なり。一切の女人《にょにん》はこれ我が母なり。
一切の衆生《しゅじょう》はみなこれ吾が二親《じしん》、師君《しくん》なり
（教王経開題《きょうおうきょうかいだい》）

仏教には「輪廻《りんね》転生《てんしょう》」という考え方があります。私たちは六道《ろくどう》（地獄、餓鬼、畜生、修羅、人、天）といわれる六つの世界で、互いに父や母となったり、子となったりして生死をくり返しています。ですから、すべての男性は私の父親であり、すべての女性は私の母親ということができるのです。

仕事で成功したり、目標を達成したりすると、私たちはそれを自分一人で成し遂げたような気持ちになってしまいます。しかし、その成功の陰では、たくさんの人が父母のようにあなたを支え、見守ってくれているのです。何気ない毎日でさえ、周りの人のおかげで生きていられるのでしょう。

また、空海の別の言葉に、「三界は吾が子なりというは大覚の師吼《しく》」というものがあります。これは、三界（輪廻流転をくり返す、迷いの諸世界の総称）で生きるものは、すべて我が子であるということです。すべての人が父母であるように、すべての人は我が子でもあるのです。人と接する時は父母に対するような敬いの心と、我が子に対するような愛情をもてば、自分の心もより穏やかなものとなるでしょう。

悪口は決して言わない

世間の大人《だいにん》は麤言雑染相応《そごんぞうぜんそうおう》の語を出《い》だすべからず
（金剛頂経開題）

仏教で悪口は四悪の一つとされています。私たちは子どもの頃から「人の悪口は言ってはいけない」と言われて育ちました。しかし、そんなシンプルな教えを大人になってもしっかり守っている人は、どのくらいいるでしょうか。

　インターネット上では心ない誹謗中傷に、傷ついている人が多くいます。また、仲間同士で集まっては誰かの悪口に花を咲かせるという場面もあるでしょう。

　悪口は自分の価値を下げ、周りからの信頼を損ないます。誰かが悪口を言っていたとしても、自分はそれに乗らないと、心に決めましょう。

世のため人のためために働くことが孝行である

小孝《しょうこう》は力を用い、大孝《だいこう》は匱《とぼ》しからず
（三教指帰）

空海自身の歩みや出家の動機、仏教に対する考えが戯曲仕立てで語られた『三教指帰』は、空海の出家宣言の書です。
空海は幼い頃から神童と言われ、大学に進みますが、そこでの学問に疑問を持ち、仏門に転ずることとなります。エリートとして将来を約束されていたにもかかわらず、茨の道を歩んだことで、両親への恩返しができていない自分に不甲斐なさを感じていたのかもしれません。この書の中には、「両親は先が長くないのに、恩を返す時間がない」という主人公（仮名乞食《かめいこつじ》）の言葉が綴られています。

「小孝は力を用い、大孝は匱しからず」は、「主君や親を捨てた出家は、忠孝に反するのではないか」という問いに対する答えです。これは「普通の人は力をもって親孝行しようとするが、最も偉大な孝行は世の中すべての人に尽くしてやまないことだ」という意味で、「世の中の多くの人を救いたい」という空海の決意が表れているようです。

遠く離れた両親に、親孝行ができていないと感じる人も多いかもしれません。しかし、自分の子どもが社会で他人のために働いているということは、親にとって誇りです。ぶれることなく、まっすぐ進んでいきましょう。

思いやりは相手の心を満たす

若《も》しは尊、若《も》しは卑、虚《むな》しく往《い》きて実《み》ちて帰る
（性霊集）

この言葉は、空海の師である恵果和尚《けいかかしょう》を追悼する碑文の一節です。身分の高い人も、低い人も、皆が空っぽな気持ちで出かけて行き、恵果和尚に会って満ち足りて帰った、といいます。光を求めるように、近くからも遠くからも恵果和尚を慕って、多くの人が集まったそうです。話を聞いてもらうだけでほっとし、穏やかな気持ちになれる。そん

な人があなたの周りにもいませんか。

上辺だけの優しさや、教科書通りの助言では人の心は癒されません。相手のことを思いやり、分け隔てなく接する気持ちがあれば、周りには自然と多くの人が集まるでしょう。

他人の欠点が気になる時は、己を見つめ直す

如何《いかん》が己身《こしん》の膏肓《こうこう》を療《りょう》せずして、他人の腫脚《はれあし》を発露《あらわ》すや
（三教指帰）

「自分の病気を治していないのに、どうして他人の脚にある腫れ物のことをとやかく指摘するのか」と空海は言います。

他人の欠点は、どんなに小さなものでも気づいてしまうものです。しかし、実は自分の方にこそ、直すべき大きな欠点を抱えているのではないでしょうか。

もし、他人の欠点を指摘したくなったら、その前に自分の至らなさと向き合い、それを改善するように努めましょう。自分の中にある未熟さを見つければ、指摘しようとしていた他人の欠点の小ささがわかるはず。どんな時でも、他人は自分を映す鏡のようなものなのです。

多くを語らなくても、心が通じ合える人がいる

人の相知《あい》ること、必ずしも対面して久しく語るに在《あ》らず。
意通《いつう》じれば即ち傾蓋《けいがい》の遇《ぐう》なり
（性霊集）

初めて会った人とすぐに意気投合し、その出会いをきっかけに人生が好転するということがあります。「人と互いによく知り合うのに、必ずしも顔を合わせて長く語り合う必要はない。心が通じ合えば、すぐに旧知の友人のように親しくなることができる」というこの言葉に、共感をおぼえる人も多いのではないでしょうか。私たちの人生は、

人との縁で決まるといっても過言ではありません。一つ一つの出会いを貴重なものとし、よい付き合いをしていきたいものです。

茶道に由来する禅の言葉で「一期一会《いちごいちえ》」というものがあります。一期というのは人の一生のことで、「今日、この茶会は一生に一度しかないのだから、心をこめてもてなすべし」という教えを表しています。さらに茶会の後は、客の姿が見えなくなるまで見送り、すぐに道具を片付けるのではなく、心を落ち着けて自分のために点てたお茶をいただきながら、今日の一期一会を偲ぶというのが極意とされています。

たとえ毎日顔を合わせる人であっても、その日、その時を過ごすのは一度きり。いつも人との出会いに感謝し、丁寧に接することを心がけていれば、大切な縁をつなげていくことができるはずです。

優れたリーダーは個性に合わせて人を動かす

良工《りょうこう》の材を用うるは、その木を屈せずして廈《か》を構《かま》う

（性霊集）

同じように見える材木でも、樹木の種類や樹齢、育った環境、クセなど、一つとして同じものはありません。そうした特性を熟知し、建物のどこにその木を使うのかを見極めるのが一流の大工です。

これは人を動かすリーダーにもいえること。人にはそれぞれ個性があり、人と話す

のが得意な人もいれば、一人でコツコツ作業をするのが好きな人もいます。その個性を無視して仕事を割り振ってしまったら、士気も上がらず、目標を達成することはできないでしょう。その人がどんな仕事に向いているのかを見極め、適材適所に活用すれば、皆が生き生きと働くことができるのです。

肩書きにとらわれず、見るべきものを見る

汝、なんぞ空しくその名に滞ってその理《り》を見ざる
（五部陀羅尼問答偈讃宗秘論）

「あの人は学歴が高いから、自分とは話が合わないだろう」などと、肩書きや地位を気にして自分を卑下したり、相手を見下したりするのは愚かなこと。肩書き

は表面的なものに過ぎず、見た目が華やかでも中身は空っぽということだってありえます。反対に、無名であっても内面に素晴らしいものをもっている人もたくさんいます。肩書きばかりにとらわれていると、本当に大切なことが見えなくなってしまうのです。

人の価値は肩書きで決まるものではありません。地位にとらわれず、心の中に誇れるものを磨き続けましょう。

コラム

出家から修行を経て、悟りへ

大学をやめて求聞持法《ぐもんじほう》の修行を始めた空海は、虚空蔵菩薩《こくうぞうぼさつ》の化身である金星が口の中に飛び込んでくるという宗教体験を得て、仏教への信仰を深めました。そして二四歳の時に『三教指帰《さんごうしいき》』を書いて、儒教や道教より仏教が勝るとする見解を明らかにしました。

仏教修行に励むある日、空海は夢の中で大和国《やまとのくに》の久米寺《くめでら》に行くよう告げられました。お告げに従って久米寺へ行った空海は多宝塔で『大日経』を発見し、そこに書かれた密教の教えと出会います。しかしその教えは難解で、国内で理解を進めることができず、空海は遣唐使の一行に加わって大陸で学ぶ決意をしました。

入唐《にっとう》した空海は中国でさまざまな学問や文化に触れ、密教の指導者である恵果和尚《けいかかしょう》に師事しました。空海は砂が水を吸うように師の教えを理解し、わずか三か月で密教の正式な後継者である阿闍梨となります。そして師の言葉にも後押しされ、密教を伝えるべく日本に帰国したのです。

第四章　自信が湧いてくる言葉

泥の中で美しく咲く、蓮《はす》の花のように

蓮《はちす》を観じて自浄を知り、菓《このみ》を見て心徳《しんとく》を覚《さと》る
（般若心経秘鍵）

「蓮の花を見ると、心が清浄であることを知り、蓮の実を見ると心に悟りの実があることがわかる」という言葉です。

蓮は泥沼の中で育ちますが、その花や

茎は泥で汚れることなく、美しい姿を見せます。清浄や不浄が混ざり合った社会の中でも、蓮の花のように泥に染まらず生きていくことはできるのです。

また、蓮はほかの植物とは異なり、つぼみのうちから中に実を備えています。それと同じように、誰でも悟りを得るための種を心にもっているのです。

こんな世の中だから、と諦めず、蓮のようにまっすぐ生きていきましょう。

すべての物事は移り変わっている

物に定まれる性《しょう》なし。人なんぞ常に悪ならん
（秘蔵宝鑰）

日本で最も親しまれている「般若心経」では、「空」の思想が説かれています。私たちは、形あるものを不変のものとして捉えがちですが、どんなものでも固定的な実体はなく、移り変わっていくのです。どっしりと構える大きな山も、はじめから山だったわけではなく、長い年月の中で地殻変動や噴火をくり返して、今私たちが目にしてい

る状態になっているのです。また、この先も変化を続け、未来には今と違った形となることでしょう。

「物に定まれる性なし」は、このようにものには決まった形がないことを示しています。それと同じように、人も悪人のままでいることなどできません。縁に巡り会えば、立派な生き方を果たせるようになるのです。

ですから、「自分はダメだ」「自分の人生はこんなものだ」などと決めつけてしまうのは愚かなことです。何も変わらないように感じる毎日であっても、状況は少しずつ変化しているものです。その変化のなかで起こる、人やもの、教えなどとの縁によって光が差しこむように物事が好転する瞬間もきっと訪れます。何かを決めつけてしまうことはやめ、変化を楽しみながら生きていきましょう。

花は何もないところに咲くわけではない

道《い》うことなかれ、此《こ》の華今年開くと
（「過因《かいん》の詩」より／拾遺雑集《しゅういざっしゅう》）

この言葉は、仏教の教えである「因縁」について説いたものです。今目の前にある花は、突然パッと咲いたのではありません。種を蒔《ま》くという直接的な原因（因）があり、土や水、太陽の光といった花を咲かせるための条件（縁）がそろった時に初めて花が咲くのです。

私たちの人生もそれと同じように、何もないところから急に花が開くようなことはありません。自分で種を蒔いたら、さまざまな条件が整うまでコツコツ水をやり続けましょう。

未来を信じて進み続ける

抜苦《ばっく》の術は正行《しょうぎょう》にあらざれば得ず
（平城天皇《へいぜいてんのう》灌頂文《かんじょうもん》）

「苦しみから抜けだすには、正しい修行しかない」と空海は言います。
目標を達成するための道のりでは、なかなか前に進まない時期もあります。

他人と比べて落ち込むこともあるでしょう。しかし、そんな時に誘惑に負けて不正をしたり、怠けてしまうのは愚かなこと。ゴールにたどり着くための近道など存在せず、苦しくても、毎日できることをやっていくしかありません。

苦しみに耐えた経験は、心を強くし、必ず自分を支えてくれるものになります。どんな時も正しい道を選び、歩みを続けましょう。

貪《むさぼ》り、怒り、愚かさが、人生の苦しみを生む

三界《さんがい》といっぱ三毒《さんどく》是《こ》れなり。
一切衆生は三毒に由《よ》って三界の苦を感ず（実相般若経解答釈）

生きとし生けるものが輪廻流転をくり返す三界は、三毒（貪り、怒り、愚かさ）に満ちています。人々はこれらの毒によって、生きる上での苦しみを感じているのです。物事に満足できず、いくら手元にあっても足りないと貪り続けるような執着（貪欲《とんよく》）や、自己中心的な怒り（瞋恚《しんい》）、真理を知らない愚かさ（愚癡《ぐち》）…三毒といわれるこれらの

煩悩は、私たちの心を平安から遠ざけます。

豊かな愛情でさえも、他人のために使うのではなく、他人から与えられたいと求め続けたり、争いを生み出したりしてしまうのならば、それは苦しみでしかありません。

仏教において「苦」というのは、ただ苦しいということではなく、思い通りにならないことを意味します。お釈迦さまは「人生というのは思い通りにならないことばかりである（一切皆苦）」と説いています。

そんな苦しみだらけの人生を、私たちはどう生きればいいのでしょうか。それは「少欲知足」の心を忘れないことです。まだ得られていないものを欲しがったり、持っているのにさらに欲しがったりするのをやめ、すでに手元にあるものに満足して喜ぶこと。

それによって欲望の火も消され、苦しみからも解放されるでしょう。

調子が出なければ休息が必要

文章は興《きょう》に乗じて便《たちま》ち作れ
（文鏡秘府論《ぶんきょうひふろん》）

多くの文章や詩を残した空海の〝仕事術〟ともいえるのがこの言葉。「文章は興に乗っている時に一気に書いてしまえ」という意味です。これに続く句では、「もし勢いが出ないのであれば、睡眠をとった方がいい」とも言っています。

私たちの仕事においても、行き詰まってしまってなかなか進まないということがあります。机に座ってはいるものの、手がつかず、ただ時間だけが過ぎていくということもあるでしょう。そんな時は、思い切って一度席を離れ、休憩をとりましょう。頭をすっきりさせることで心にも余裕が生まれ、新しいアイデアも湧いてくるはずです。

本質を見抜く眼を養う

医王《いおう》の目には途《みち》に触れてみな薬なり、
解宝《げほう》の人は鉱石《こうしゃく》を宝と見る（般若心経秘鍵）

「名医の目には、道端に生えている雑草も薬に見える。鉱石のことをよく知る人は、ただの石からも鉱石を見出すことができる」という言葉です。つまり、見る目があれば、どんなものからでも、価値を見出すことができるのです。

仏教では、物事を見る力を「五眼《ごげん》」という五つの種類で表します。私たちが日常でも使う「肉眼《にくげん》」は、最も能力の低い段階です。この状態では、ただ表面のみで物事を見ているだけで、内側が見えていないのです。そして、修行を重ねることで高いところから見渡し、本質を見抜く「天眼《てんげん》」、あらゆるものを見通す「慧眼《えげん》」、宇宙の法則を理解する「法眼《ほうげん》」、仏さまの眼である「仏眼《ぶつげん》」へと段階が上がっていくのです。

物事を表面上だけで判断していると、本当の価値に気づくことができません。薬草をただの雑草だと思って踏みつけたり、磨けば宝石となる石をほったらかしにしたりしてしまうでしょう。

本質を見抜くような眼を養うには、常に学び、正しい行いをして生きること。自分の中に素直な心をもち、さまざまな視点で見られるようになれば、どんな小さな原石からも宝石を見つけることができるでしょう。

重重《じゅうじゅう》帝網《たいもう》なるを即身と名づく
（即身成仏義《そくしんじょうぶつぎ》）

すべての生命はつながっている

「重々帝網」とは、帝釈天《たいしゃくてん》（インド神話の最高神）の住む宮殿を飾る網のこと。その網の一つひとつの結び目はほかのすべての結び目につながり、ほかの結び目によって保持されています。

私たちもこの結び目のように、たった一人の状態から無数の人とつながり、関係し合いながら生きています。すべての生命はつながり合い、他者によって生かされているのです。

家族や人とのつながりが薄まりつつある現代にあっても、それは変わりません。目に見えなくても誰かに支えられ、自分もまた誰かを支えている。そう思えるだけで、不安や孤独感が和らいでいくのではないでしょうか。

うまくいかないことを他人のせいにしない

昇墜《しょうつい》は他《た》の意に非《あら》ず、衰栄は我が是非なり
（秘密曼荼羅十住心論《ひみつまんだらじゅうじゅうしんろん》）

「地位や名誉を得るのも失うのも他人のせいではなく、それと同じように衰えるのも栄えるのも自分自身の行いによるものだ」と空海は言います。

物事がうまくいかない時、私たちはつい、時代や社会、環境などのせいにしがちです。しかし、いくら原因をほかに求めたところで、現実は何も変わりません。与えられた環境の中でどう生きていくのかは自分次第なのです。
人生にはうまくいく時期もそうでない時期も訪れます。その中で、よいことも悪いことも自分自身のことと受け止め、心を乱さず生きていきましょう。

煩悩の荒波を乗り越える

五戒《ごかい》の小舟、猛浪《もうろう》に漂い、羅刹《らせつ》の津《うみ》にさまようのみ
（三教指帰）

これは空海の自伝的な戯曲である『三教指帰』の一節で、若き日の空海の苦悶《くもん》が登場人物を通して表現されています。五戒というのは仏教の在家信者が守るべきとされるもので、不殺生《ふせっしょう》（生き物を殺さない）、不偸盗《ふちゅうとう》（ものを盗まない）、不邪淫《ふじゃいん》（不適切な性行為をしない）、不妄語《ふもうご》（嘘をつかない）、不飲酒《ふおんじゅ》（酒類を飲まない）のこと。この戒を

守ろうとする自分は、小さな船で煩悩という荒波に揺られ、羅刹（悪鬼《あっき》）の海にさまよっているというのです。

外側からは無数の誘惑を受け、内側には決して消えないさまざまな煩悩がうずまく…。空海が悩み迷ったように、私たちの正しく生きたいという決心も険しい波によって、ぐらぐら揺らいでしまうものです。

しかし、真言密教においては、煩悩も悟りである（煩悩即菩提）という教えがあります。たとえば尽きることなく湧き出る欲望は、他人を救おうとする情熱にもなりうるのです。ですから、私たちは煩悩さえもうまく活用しながら、沈むことのないよう荒波に耐えて進むしかありません。その経験は人をより大きく成長させ、乗り越えた先には、穏やかで美しい海が待っているでしょう。

日々の行いが仕事の成果を高める

良工《りょうこう》は先《ま》ずその刀を利《と》くし、能書《のうしょ》は必ず好筆《こうひつ》を用う
（性霊集）

よい職人は道具の手入れを怠りません。料理人はきちんと研がれた包丁を使わなければ、思い通りに食材を切ることができず、料理の質が下がってしまうでしょう。また、一流の書家はよい筆を使います。「弘法筆を選ばず」ということわざがありますが、実際のところ空海は筆や墨など書の道具について熱心に学んだといいます。筆への深い

理解があるからこそ、どんなものでも使いこなすことができるのです。

物事を極めたいなら、よい道具をそろえ、毎日手入れを欠かさないこと。それにより仕事の質が上がり、さらに高度な領域を目指せるようになるでしょう。

たくさんの人の力が集まれば大きな成功につながる

一塵大獄《いちじんたいがく》を崇《たか》くし、一滴廣海《いってきこうかい》を深くする所以《ゆえん》は、心を同じくし力を勠《あわ》すが致すところなり（性霊集）

この言葉は、高野山に仏塔を建てるための寄付を募る手紙に書かれた一節です。「たった一つの塵が積もって山を高くし、一滴の水が集まって海が深さを増すのは、それらの一つひとつが心を同じにして力を合わせたからです」と空海は述べ、大きな事業のためには一人ひとりの勧進《かんじん》（寄付）が必要だと呼びかけました。

実は空海は、土木技術者としての顔も持ち合わせていました。ある時、空海は故郷・讃岐国《さぬきのくに》の満濃池《まんのういけ》という巨大なため池の堤防修築の責任者として派遣されることになりました。それまでは何年かかっても失敗していた工事でしたが、空海が派遣されるやいなや、たくさんの人が集まって工事に加わり、わずか3か月ほどで完成に至ったのです。空海の土木技術はもちろんのこと、多くの人の力が集まったからこそ、このような大事業が成功したのでしょう。

私たちの仕事においてもそれは同じ。何でも一人でやろうと思っても、なかなかうまくいかないものです。違った個性や能力をもつ人がアイデアを出し合うことで、一人では想像もつかなかった素晴らしいゴールにたどり着くことができるでしょう。

よい師や友に導かれる

狂毒《きょうどく》自ら解《と》けず、医王《いおう》よく治す。
摩尼《まに》自ら宝にあらず、工人《こうじん》よく瑩《みが》く（秘蔵宝鑰）

「強烈な毒は、自分で癒すことはできず、毒を消すことができるのは名医だけ。また、宝珠ははじめから美しい姿であったわけではなく、職人によって磨かれることで宝珠となる」と空海は言います。

「これはよき師や、よき友人をもつことがいかに重要であるかを表した言葉です。長い間悩んでいた問題が、誰かの一言によって一気に解決することがあります。また、自分では気づかない才能を見出し、引き出してくれる師を得ることで人生が大きく飛躍します。

人生の中で師から学ぶことほど、大きな収穫はありません。

コラム

空海と最澄

同時代に活躍し、仏教を広めた二大僧侶として、空海と最澄はよく比較されます。

最澄は、エリート僧として唐へ一年間留学し、天台教学を中心に密教や禅なども学びました。一方の空海は無名僧でしたが、三一歳の時に唐へ渡り二年間密教について学び、その教えを体得して日本へ持ち帰ります。

この噂を聞きつけた最澄は、年下で僧としての位も自分より低い空海に教えを乞います。最澄は密教経典の貸し出しを依頼し、空海はそれに応じますが、次第に抵抗を感じ、最後は貸し出しを拒否します。密教の教えは経典を読み、書き写すことだけで得られるものではない、と考えたからです。これを機に、二人の間に溝ができました。

宗派を開いた後も、二人は違う道を歩みます。空海は、庶民のための学校を建てたり、土木工事などさまざまな活動を通して民衆から支持を得ました。最澄は弟子を育てながら、仏教をさらに広めていきました。

第五章　こだわりから自由になる言葉

日常でおかしている小さな罪を自覚する

懺悔《さんげ》の力をもって速《すみ》やかに不善の網《もう》を絶《た》つべし
（大日経開題《だいにちきょうかいだい》）

仏教での懺悔とは、おかした罪を自覚し、仏前で述べるというもの。懺悔し、心を改めることで、煩悩によって絡まった網を断ち切ることができるのです。

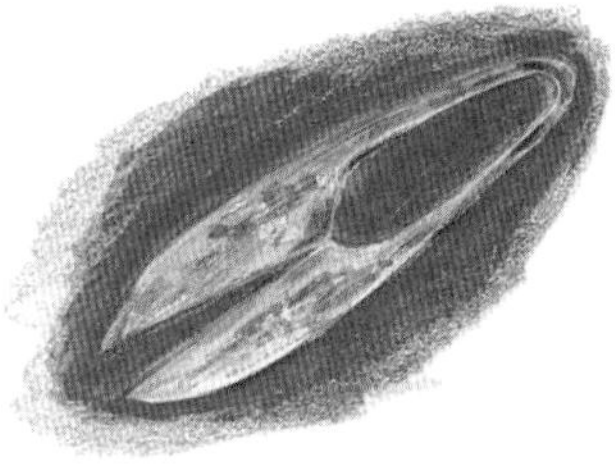

お釈迦さまの言葉に「慚恥の服は諸の荘厳に於て最も第一となす」というものがあります。これは、自分のおかした罪を省みる心があれば、それはどんな高価な衣服よりも美しいということです。
私たちは知らず知らずのうちに小さな罪を重ねたり、誰かを傷つけたりしています。まずはそれを自覚し、同じ罪をおかさないと決めましょう。それにより、心も晴れやかになっていくはずです。

シンプルな言葉で伝える

物を断つには長刀を須《もち》い、衣《ころも》を縫うには小針《しょうしん》を用いる
（五部陀羅尼問答偈讃宗秘論）

「真言（↓166ページ）には、なぜとても短いものがあるのか」という問いに、空海はこの言葉で答えました。

紙や布を切る時は、長い刃のはさみを使い、着物を縫う時は小さな縫い針を使います。大きさに優劣があるのではなく、細かな部分まで美しく仕上げるには小さい針が

適しているということです。

　誰かに気持ちを伝えようとする時、私たちはつい多くの言葉を並べがちです。だらだらと話しているうちに、本当に伝えたかったことは何だったのか、見失ってしまうこともあるでしょう。時には、シンプルで素直な一言の方が、相手の心に届くこともあるのです。

自分と他人の区別がなくなれば、妬みの心は消える

嫉妬の心は彼我《ひが》より生ず。平等を得《う》ればすなわち嫉妬を離《はな》る
（金剛般若波羅蜜経開題）

言葉には出さなくても、「どうしてあの人ばかりうまくいくのか」などと、他人の境遇をうらやみ、妬むような経験は誰にでもあるでしょう。仲のよい間柄であっても、相手の幸せを心から喜ぶことができず、そんな自分に嫌気がさすということもあるかもしれません。

空海は、この嫉妬心は彼我（自分と他人を区別すること）から生まれると言います。「自身他身一如と与に平等なり」（↓56ページ）の言葉があるように、自分も他人も同じ存在であるということが理解できれば、嫉妬はなくなるというのです。

人はどうしても、自分よりも他人の方が恵まれているように感じてしまうものです。しかし、表面上は明るい笑顔で振る舞っている人も、あなたが悩んでいるのと同じように、見えないところで悩み苦しんでいるかもしれません。あなたのことをうらやましいと思っているかもしれません。

自分だけが辛い立場にいるように感じたら、客観的な目で周りを見回してみましょう。誰もが苦しみの中で生きている。そう思えたら、嫉妬の心は離れ、ともに生きる仲間として相手の幸福を喜び、悲しみに寄り添うことができるようになるでしょう。

空飛ぶ鳥のような心に

この身を捨てずして神境通を逮得し、大空位《だいくうい》に遊歩《ゆぶ》して、
しかも身秘密を成ず
（大日教、即身成仏義）

これは密教の根本的な思想である「即《そく》身成仏《しんじょうぶつ》（↓188ページ）」について述べた書に記された言葉です。ここでいう「大空を飛ぶ」とは、大日如来（↓188ペー

ジ）と一体になることを表し、修行を続ければ、この身のままで自由な境地を得て、悟ることができるというのです。
迷いや悩みの世界にいる時は、どこまでも続く暗い闇の中をさまよっているようです。しかし、ひとたびそこを抜け出せば、清々しい境地に達することができるでしょう。心はいつも変化するもの。誰でも空を飛ぶ鳥のように、人生を送ることができるのです。

形だけ捉えても真の理解はできない

一切世間は但《ただ》しかくの如《ごと》く字相《じそう》をのみ知りて、未《いま》だかつて字義《じぎ》を解《げ》せず

（吽字義）

空海の著作である『吽字義』は、「吽」という梵字《ぼんじ》の意味を分析し、心のあり方を説いたものです。それほどにこの字にはさまざまな意味があり、一字にすべての教えが集約されているとも述べられています。しかし、空海は「世間の人々は字の形だけを知っていて、その本当の意味を理解したことはない」と言います。

私たちは物事の形だけを捉えて、何となくわかったつもりになっていることが多いもの。皆が使っているからと、適当に言葉を選んでいることもあるかもしれません。何事も自分の中でしっかり体得するためには、手間を惜しまずにその意味を調べ、学ぶことを忘れないようにしましょう。

すでに、心の中に宝を持っている

自宝《じほう》を知らず、狂迷《きょうめい》を覚《かく》といえり。
愚《ぐ》にあらずして何《なん》ぞ　（秘蔵宝鑰）

『秘蔵宝鑰』は、悟りに至るまでの心のあり方を十段階に分けて説いた、空海を代表する著作『秘密曼荼羅十住心論』を自身で要約した書です。その序文のこの言葉で、「自分の中にある宝を知らずに、間違ったものを悟りと勘違いしている。これを愚かだと言わずして何と言うか」と空海は投げかけています。

『秘蔵宝鑰』で説かれる心のあり方で、最も低い段階にあるのが、このように自分の間違いに気づいていない状態です。これを「異生羝羊心《いしょうていようしん》」といい、本能に支配され、闇に迷うさまを雄牛のような心として表しています。

私たちはさまざまな本を読んで学んだり、人から助言を受けたりすることで、「今の自分とは異なる何者かになること」を目指しがちです。そして、うまくいかなくなるたび、自暴自棄になり、また別の理想を求めて迷い続けてしまうのです。

しかし、自分がどのように生きるのかという答えは、自分の中にしかありません。自分を見失いそうになった時こそ、心の中をじっくりのぞいてみてください。子どもの頃から変わらずに心に秘めている思いや信念がきっと見つかるはずです。その宝に気づき、それを生涯かけて磨き続けることこそ、自分の人生だといえるのではないでしょうか。

冬の寒さを経て、さらに輝く

桃李は珍なりと雖《いえど》も、寒に耐えず。
柑橘《かんきつ》の霜に遭《あ》いて、美なるに如《し》かんや（性霊集）

「桃や李《すもも》は珍重されるけれど、寒さに耐えることができない。しかし、みかんは霜が降りても美となるものだ」と空海は言います。さらにそれは星や玉のようで

あり、黄金のような質であるとも述べられています。
人生において冬のような寒さは、とても厳しいものです。心が折れそうになることもあるでしょう。しかし、誰もが冬に耐えられる強さを内に秘めているのです。今より成長するためには、この苦しい時期をじっと耐えるしかありません。長い冬が去った時、あなたは一層美しく輝いているでしょう。

日々正しい実践をすることで、安らかな境地に至る

誠に須《すべか》らく、六度の筏《いかだ》、纜《ともづな》を漂河《ひょうが》に解き、
八正《はっしょう》の船、棹《さお》を愛波《あいは》に艤《ぎ》して（三教指帰）

「六波羅蜜（→64ページ）という筏の纜を解き、八正道《はっしょうどう》という船に乗って漕ぎ出す」という言葉で、この句の後には、「精進という帆柱を立て、禅定という帆をあげ…」と続きます。

「八正の船」とは、涅槃《ねはん》（安らかな境地）に至るための修行である「八正道」のことを

指しています。正見《しょうけん》（物事をありのままに見る）、正思《しょうし》（正しく考える）、正語《しょうご》（正しい言葉を使う）、正業《しょうごう》（戒を守り、正しい行いをする）、正命《しょうみょう》（正しく健全な生活を送る）、正精進《しょうしょうじん》（正しい努力をする）、正念《しょうねん》（これまでの六つの修行をもとに、お釈迦さまの教えを正しく心にとどめる）、正定《しょうじょう》（正しく精神統一する）という八つを実践することで、私たちは苦しみから離れ、心を安らかにすることができるのです。

八正道は八つの実践が関わり合っていますが、特に正見はすべての基礎となるもので、物事をありのままに見つめることができなければ、正しく考えることも、正しく行うこともできません。

私たちは迷いの世界の中で、さまざまな煩悩を抱えて生きていますが、誰でも八正道を心がけることはできます。まずはその船に乗り、日々できることを実践しましょう。

善い行いは善い結果をもたらす

影は形に随《したが》って直《なお》く、響きは声に逐《したが》って応ず
（秘密曼荼羅十住心論）

影はもとの形そのままに現れ、こだまは発した声がそのままの響きで返ってくる。同じように、善いことも悪いことも、自分のしたことはそのまま自分に返ってくるのです。悪事ばかりはたらいているのに、よい人生を送れるということはありません。
仏教においては、善い行いによって善い結果が現れることを「因果応報」といいます。

どんな人生を送るのかは、すべて自分の行いの結果であり、他人のせいにすることはできません。幸せになるためには、毎日正しい行動を積み重ねること。行動を変えれば、人生も変えられるのです。

物事が興《おこ》るか廃るかは、私たちの行動にかかっている

道の興廃《こうはい》は人の時と時に非《あら》ざるとなり
（性霊集）

「その道理が興ったり廃ったりするのは、その時代の人が時流に合わせて行った正しい判断や、間違った判断の結果である」という言葉です。これは現代に生きる私たちにもいえることではないでしょうか。インターネットの普及や、さまざまな便利な機械が登場することで、私たちの生活は変化しています。手紙を書くことや、わからない言

葉を辞書で引くことなどは、どんどん少なくなっています。

ものだけではなく、考え方や価値観なども変化します。例えば、定年まで一つの会社に身を捧げるという考え方は主流ではなくなり、転職をくり返したり、起業したりすることで自分の価値を高めるという考え方の人が増えています。面倒な手作業よりも、機械で合理化する方がよいという価値観も、多くの人に支持されています。

しかし、新しいものの出現によって不都合が生じたり、新しい価値観になじめずに苦しむということも少なくありません。また、私たちの時代の判断で廃れてしまった道は、次の世代には引き継がれなくなる可能性もあります。目新しさだけで安易に飛びつかず、物事の本質や価値を見極め、大切にするようにしたいものです。

手で触れたものが心に伝わる

珠《しゅ》を持てば善念《ぜんねん》生じ、剣を把《と》れば殺心《せっしん》の器《うつわ》

（五部陀羅尼問答偈讃宗秘論）

「数珠を持てば心が清らかになり、剣を握れば斬りたいという心が湧いてくる」という言葉です。

日常生活の中でも、美しいものに触れ

ていれば自然と心は整えられます。悪い道に誘惑するような友ではなく、正しい心をもった人との交流が多ければ、迷いや悩みとは無縁でいられるでしょう。

心が乱れ、つい人を傷つけそうな時は、一度冷静になり、自分のありようを見直しましょう。どんな環境に身を置き、誰と付き合い、どんな本を読むのか…。すべては自分で選ぶことができるのです。

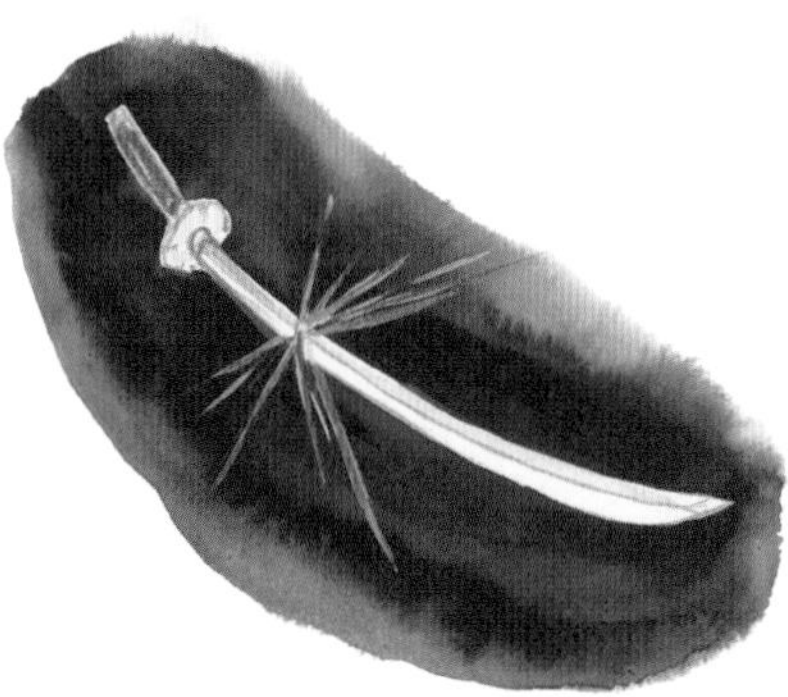

無知であると自覚し、謙虚に学ぶ

末学《まつがく》の凡夫《ぼんぶ》、あながちに胸臆《くおく》に任せて
難思《なんじ》の境界を判摂《はんしょう》すべからず（秘密曼荼羅十住心論）

「人間としての学びを深めていないのに、上辺だけの知識で、深遠な悟りの世界の判断をしてはいけない」と空海は私たちに戒めています。

仏教では、真理に暗く、無知であることを「無明《むみょう》」といいます。これは苦しみを生み出す因果関係を説いた「十二縁起」の最初に挙げられるもので、無明を取り除くことができれば、生死をくり返す迷いの世界を離れられるといいます。

私たちは日々流れてくる情報を追いかけ、知識を身につけることで、何となく物事をわかったような気になってしまうものです。しかし、その浅はかな知識で知ったかぶりをしたり、おごり高ぶった態度をとるのは自己満足に過ぎません。かえって自分の未熟さを露呈し、周りの人を傷つけ、信頼を失うこともあるでしょう。

ですから、私たちはまず自分が「無明」であるということを心に留めておく必要があるのです。年齢を重ねるにつれ、「知らない」「わからない」と言うことに抵抗を感じるかもしれませんが、体面ばかり気にしていては人間としての成長は望めません。自分が何も知らないという気持ちでいれば、誰からも、どんなことからでも謙虚に学ぶことができるでしょう。

智慧者は、それをひけらかさない

大智《だいち》は愚なるが若《ごと》し（真言付法伝《しんごんふほうでん》）

「真に智慧《ちえ》のある人は、一見すると愚者のように見えるものである」。つまり、賢い人は自分のもつ知識を雄弁に語ったり、ひけらかしたりすることはないということです。一方で、相手の話を遮《さえぎ》ってまで自分の主張をまくしたてる人がいます。それは「他者に認められたい」という思いのあらわれではないでしょうか。しかし、浅はかな理解や知ったかぶりは、周りからすぐに見破られてしまいます。他人からの評価や、自らの欲望に振り回されることなく、自由な心で自分を高めていれば、多くを語らずとも、その存在を認められるようになるでしょう。

コラム　高野山の開山

空海が四三歳の八一六年、嵯峨天皇に「高野山こそ、真言密教の根本道場を開くのにふさわしい地である」と願い出て、勅許を得、高野山が開創されました。青年時代の空海は、日本各地の山岳霊場で修行をしており、紀伊山地の雄大な自然に抱かれた高野山に注目していたのです。

また、高野山を選んだ理由としては、『今昔物語』などに伝説があります。空海が長安の恵果和尚《けいかかしょう》のもとで真言密教の奥義を極め、二年の留学を終えた帰国の際に、明州（現在の浙江省）の海岸から、「真言密教を修行・流布するのにふさわしい地に留まれ」と祈って三《さん》鈷杵《こしょ》を日本に向けて投げました。帰国後、適地（＝三鈷杵の留まる所）を探して高野山に登ったところ、松に唐の海岸から投げた三鈷杵がかかっているのを見て、ここに高野山開創を決めたとされています。

第六章　人生を切り開く言葉

生の始まりと死の終わりを知る人はいない

生れ生れ生れ生れて生《しょう》の始めに暗く、
死に死に死に死んで死の終わりに冥《くら》し（秘蔵宝鑰）

「何度生まれても生の始まりが何であるか知らず、何度死んでも死の終わりがどうなるのか知らない」。空海の教えを代表するものとして語り継がれる言葉です。

私たちは輪廻転生をくり返しながら、迷いの世界の中で生まれたり死んだりしています。誰もが暗闇から生まれ、暗闇の中へと還《かえ》っていくのです。何度くり返しても、私たちは生死について何も知らないのです。

空海の別の言葉には「それ生は我が願いにあらざれども、無明の父、我を生ず。死は我が欲するにあらざれども、因業の鬼、我を殺す」というものがあります。自分で望んで生まれてくる人などいませんし、死は自分の望みなどとは関係なく突然に訪れます。自らの人生の始まりと終わりを決められる人などいないのです。

生死だけでなく、病気や老いなど、私たちの人生は思い通りにならないことの連続です。「どうにもならないのなら仕方がない」と諦めて過ごしても、迷いの世界で苦しみ続けるだけです。自分ではどうすることもできない人生において、自分はいったい何のために生まれ、どう生きるのか。目をそらさずに考え続けることで、私たちはよりよく生きられるのではないでしょうか。

一生はあっという間に過ぎる

生《しょう》は昨日《さくじつ》の如《ごと》くなれども、霜髪《そうびん》忽《たちま》ちに催《もよお》す
（教王経開題）

年齢を重ねるにつれ、一年が過ぎるのがあっという間に感じられるようになります。この言葉のように、生まれたのは昨日のことのように感じられても、いつの間にか頭に白髪が混ざるような年齢になるのです。今日は健康でいても、病に倒れる日はすぐそこに迫っているかもしれません。

人生は短いと頭ではわかっていても、つい無駄なことに時間を費やしたり、やりたいと思っていることを先延ばししたりすることも多いもの。

人生の最期がいつ訪れるかはわかりません。今日一日を無事に過ごせることに感謝し、やりたいと思うことにはすぐ取り組みましょう。

最初から最後まで手を抜かない

始めを合《よ》くし終わりを淑《よ》くするのは、君子の人なり
（性霊集）

目標を達成しようと思っても、三日坊主になることは多いもの。「はじめは気合いを入れて頑張ったのに、途中で怠けてしまった」「結果さえ出せればよいと

思って、練習をさぼってしまった」などということはありませんか。
お釈迦さまの言葉にも「初めも善く、中も善く、終わりも善かれ」というものがあります。やると決めたことは、最後まで手を抜かずに取り組みましょう。
何事もすぐに結果を出そうとすると、息切れします。マラソンのように「必ずやり遂げる」という強い気持ちをもって、最後まで走り抜きましょう。

その時が訪れるまでは黙して待つ

聖人《しょうにん》の薬を投ずること、機の深浅《じんせん》に随《したが》い、
賢者の説黙《せつもく》は時を待ち人を待つ（般若心経秘鍵）

「優れた医者は、患者の容体を見て薬を与える。賢者が教えを説く時は、相手の心の状態を見て、話すのに適した時を待つ」という言葉です。どんなによい薬でも、その患者の症状に合ったものでなければまったく効果はありません。また、患者に合った薬でもタイミングを逃してしまえば、手遅れとなります。同じように、どれだけ素晴らしい教えも相手の置かれている状況や時期によっては、まったく心に響かないこともあります。

例えば、泣いている人がいれば慰めの言葉をかけたくなります。困っている人がいれば「何に困っているのか」と声をかけ、助言などを与えたくなります。しかし、一人静かに悲しみと向き合っている人に、上辺だけの慰めの言葉は不必要です。また、自分で何とかしようと試行錯誤している時に手を出そうとするのは、余計なお世話でしょう。

時には、よいタイミングが訪れるまで、黙って待つことも必要です。苦悩している人を前にして、沈黙するのは勇気がいりますが、たとえ言葉がなくても、温かい眼差しによって心が癒されることもあります。相手の心に寄り添った行動ができた時、薬のように痛みを取り除くことができるでしょう。

自分の生き様は、香りとなって残る

身は花とともに落つれども、心は香《こう》とともに飛ぶ
（性霊集）

この世に生きる誰もが、いつかは最期を迎えます。その時、私たちのすべては消えてなくなってしまうのでしょうか。

空海は、「私たちの肉体は、満開になった花が散るようにいつか枯れ落ちてしまうけれど、心は香りのように空に飛んで漂う」と言います。その人がどのように生きてきた

のかは、周りの人の心に残り、引き継がれていきます。姿は見えなくても、その香りによっていつでも近くに存在を感じられるのです。

自分はどんな香りを残したいのか。それこそが、今をどう生きるかを考える手がかりになるかもしれません。

他人の言葉で取り繕わない

古語及び今の爛《らん》字《じ》旧《きゅう》意《い》を用いる莫《な》かれ
（文鏡秘府論）

「古い言葉や、流行りの言葉を安易に使ってはいけない」という意味の言葉です。空海は、「人々を導く根底には、文学や文章がある」との考えをもっており、

この書以外にも言語に関するさまざまな著作を残しています。

文章をうまく書こうとすればするほど、誰かが使っていたような表現や、今流行しているような言葉で取り繕ってしまいがちです。しかし、他人の表現で自分の気持ちや思いは伝わるのでしょうか。

たとえ華やかさはなくても、自分だけの表現を追求しましょう。それはきっと読んだ人の心を動かすはずです。

言葉には不思議な力がある

真言《しんごん》は不思議なり、観誦《かんじゅ》すれば無明《むみょう》を除く
（般若心経秘鍵）

真言とは「真実の言葉」を意味し、その一つひとつの文字には、私たちの理解を超えた無限の真理が含まれているといいます。般若心経の「羯諦羯諦《ぎゃーていぎゃーてい》 波羅羯諦《はらぎゃーてい》」も有名な真言の一つですが、原文である梵語《ぼんご》（サンスクリット語）のまま唱えることで、仏さまと一体化できると考えられています。空海は真言を特に重んじており、「真言は不思議なものである。心をこめて唱えれば、迷いや愚かさといった無明《むみょう》（↓148ページ）を取り除くことができる」と述べているのです。

日本では「言霊」というものがあると信じられていますが、私たちが普段使っている言葉にも力があると感じたことはありませんか。大事な場面を前に「よし！」と声を出すと、気持ちが引き締まったり、落ち込んでいる時に、思い切って周りの人に大きな声で挨拶をしてみたら、心が明るくなったというようなこともあるかもしれません。

どんな言葉を使うのかはもちろんのこと、それをどのように口にするのかにも、その人の人となりが表れるものです。毎日の挨拶や感謝の言葉、謝罪の言葉…たった一言であっても心をこめて口にすれば、相手の心に響き、自分の心も穏やかにしてくれるはずです。

使ってこその知識

妙薬函《はこ》に満つれども、嘗《な》めざれば益《えき》無し。
珍《ちん》衣《い》櫃《ひつ》に満つれども著《き》ざれば則《すなわ》ち寒し（性霊集）

どんなによく効く薬を持っていても、それを飲まなければ効果はありません。
また、どんなに素敵な衣服があっても、着なければ寒さを防げません。

私たちは勉強してたくさんの知識をつけようとします。しかし、どれだけ優れた知識をもっていても、実際に使わなければ何の役にも立ちません。

知識ばかりで頭でっかちになっていると気づいたら、何か一つでも行動に移してみましょう。

成功を手にしても悩みは消えない

貴き者は恐怖《くふ》を免《のが》れず、賤《いや》しき者は飢寒《きかん》を免れず
(理趣経開題《りしゅきょうかいだい》)

自分がうまくいっていない時は、成功している人を見るとうらやましく思います。お金がない時は、お金さえあれば幸せになれるだろうと想像します。

しかし、実際にお金や成功を手にしたらどうでしょう。今度はそれが誰かに取られるのではないか、立場を脅《おびや》かされるのではないかという不安がつきまとうかもしれま

せん。

「知足《ちそく》」という禅の言葉がありますが、今の自分で満ち足りていると感じられれば、ないものを求めて心が乱れることもありません。目には見えなくても、あなたの周りにはかけがえのないものがいくつも存在しているはずです。

何をどのように学んだかが、人生を形づくる

物の興廃《こうはい》は必ず人に由る。
人の昇沈《しょうちん》は定めて道にあり（性霊集）

空海が日本初の私立学校「綜藝種智院《しゅげいしゅちいん》」を創設するにあたり寄せた言葉で、「ものが興ったり廃ったりするのは、必ずそれに関わる人が原因となる。同様に、人の才能や徳が伸びるかどうかは、その人がどのような道を歩むかによる」という意味です。

この頃の学校は貴族や豪族の子弟のものであり、庶民にはまったく縁がありません

でした。しかし空海は、すべての人は仏性をもち、平等であるという信念のもと、身分を問わずに誰でも入学できる学校をつくったのです。貴族のための学校では儒教が教育の中心でしたが、綜藝種智院ではそれに加えて道教と仏教もまんべんなく学び、さらには健全な衣食住を実現するために給費制をとっていました。空海は、このようなバランスのよい教育と正しい生活が、人間としての道をつくると考えました。

私たちの人間としての成長は、どれだけの知識を蓄えたかではなく、何をどのように学び、それを生きる智慧《ちえ》としてどう使っていくかにかかっているのです。学びの過程こそ大切にし、小さな努力を丁寧に積み重ねていくことで、道は確かなものとなっていくでしょう。

両親への感謝を忘れない

我を生《しょう》じ我を育するは父母の恩、
天《てん》よりも高く、地《ち》よりも厚し（教王経開題）

「私を生み、育ててくれた父母への恩は、空よりも高く、地よりも厚い」という言葉で、続く句では、「その恩はどんなことをしても決して報いることのない

ほど尊い」とも述べられています。

私たちは両親やご先祖さまがいたからこそ、今ここに存在し、日常を味わえます。年齢を重ねるほど、両親の偉大さに気づくことが多いものです。

離れて暮らしていれば、両親と顔を合わせる回数も限られます。「仕事が忙しい」「家が遠い」などと言い訳をせず、盆や正月には帰省し、両親、そしてご先祖さまに感謝の気持ちを伝えましょう。

安定した立場を捨て、覚悟をもって進む

六塵《ろくじん》は能《よ》く溺《おぼ》るる海、四徳《しとく》は帰《き》するところの峯《みね》なり。
すでに三界《さんがい》の縛《ばく》を知る、何ぞ纓簪《えいしん》を去てざらん（三教指帰）

「六塵（俗世間）は溺れる海であり、四徳（↓187ページ）こそ、目指すべき美しい峰である。三界（輪廻の世界）に縛られることを知っていながら、なぜ纓簪（かんざしと冠のひも＝高位高官の象徴）を捨てられないのか」。官吏になることが約束されていた空海が、それを捨て、出家の決意を表明した言葉です。

私たちは大人になるにつれ、知らず知らずのうちに、より安全で間違いのない方を選ぶことが多くなります。好きなことを仕事にする人をうらやましいと思いつつも、自ら「安泰」という名の冠を外すことはなかなかできないものです。

空海は一人の修行僧に出会い、「虚空蔵《こくうぞう》求聞持法《ぐもんじほう》」という修行を授かったことがきっかけで、仏門に転じることになりました。現代を生きる私たちも、そんな縁によって、今まで歩んできた道とは別の方向に進む決断をしなければならない場面があるでしょう。頭では安全な方を選びたいと思っていても、心が別の道を望むこともあります。そんな時、あなたは心のままに決断することができるでしょうか。たとえ険しい道であったとしても、自ら退路を断ち、強い覚悟をもって進むのならば、いつの日か必ず美しい景色と出あえるでしょう。

先入観から離れて見る

人の鼻下《びか》に糞あれば、沈麝等《じんじゃとう》の香を嗅《か》ぐとも
また臭《くさ》しとするがごとし（秘密曼荼羅十住心論）

鼻の下に糞がついていたら、どんなに芳《かぐわ》しい香りをかいでも臭く感じてしまう、という言葉です。

過去のしがらみや先入観にとらわれていると、どんなに素晴らしいものを目にし、どんなに素晴らしい経験をしたとしても、それを正しく見ることができません。他人

からの親切な言動に対して、疑心暗鬼になってしまうこともあるでしょう。

「無理だと思っていたことも、挑戦したらうまくいった」「苦手だと思っていた人と話してみたら、気が合った」ということはよくある話です。

思い込みから離れ、心をまっさらにすれば、周りにたくさんの可能性があふれていることに気づくでしょう。

感情に振り回されず、穏やかに生きる

大きに笑い、大きに喜び、極めて怒り、極めて哀しむ。
此《かく》の如きの類《たぐい》、各々《おのおの》損ずる所多し
（三教指帰）

よいことがあれば喜び、他人にひどいことをされれば怒り、落ち込む…。自分の外側で起こっていることに心を奪われて、一喜一憂していませんか。感情の浮き沈みが激しいと、心にも余裕がなくなり、周りの人に対して攻撃的になるなど、行動にも影響を与えます。

仏教では「諸行無常」という言葉があります。これは、すべてのものは移り変わっていくものであるという意味です。どんな状況も今のまま続くということはありません。人生は思い通りにはならないものですが、この言葉を理解していれば、安定した心で生きていけます。

コラム

空海のさまざまな顔

空海は非常に多芸多才な人物で、真言宗の開祖以外にもいろいろな顔がありました。

まずは、当時の代表的教養であった中国文化に関する知識と技術。幼少に伯父から中国の古典や詩を習い、入唐《にっとう》以前から中国語に堪能で留学中も通訳はつけず、唐では中国の書を学んで最新の技法を日本に持ち帰ったりもしました。空海と並ぶ能書家と言われた嵯峨天皇と橘逸勢《たちばなのはやなり》も空海の書に学び、当時の中国文化の代表的存在でした。

また、空海は土木・建築にも優れていました。空海の生家に近い讃岐国《さぬきのくに》（香川県）の満濃池の治水をはじめ、高野山や東寺など空海が関わる寺院の施設の建築にも携わりました。

ほかにも民衆まで対象とした教育施設「綜《しゅ》藝種智院《げいしゅちいん》」の創設、仏教研究で重要なサンスクリット語の辞書や漢字辞典『篆隷萬象名義《てんれいばんしょうめいぎ》』（国宝）の編纂など多彩な才能をもち、またそれを遺憾なく発揮して活躍しました。

年表・用語集

空海年表

西暦	和暦	年齢	出来事
七七四	宝亀五	1	讃岐国《さぬきのくに》（香川県）多度郡に生まれる
七九一	延暦一〇	18	都の大学に入り、儒教を中心に学ぶ
七九七	延暦一六	24	『聾瞽指帰《ろうこしき》』を著す（後に『三教指帰《さんごうしいき》』と改題）
			この頃から空海と名乗るようになる
八〇四	延暦二三	31	四月　東大寺戒壇院《かいだんいん》で授戒《じゅかい》し、正式に僧となる
			七月　遣唐使の一員として出発し、十二月に長安へ
八〇五	延暦二四	32	青龍寺の恵果和尚《けいかかしょう》より灌頂《かんじょう》を受け、密教の正式な後継者となる
八〇六	大同元	33	二十年の留学予定を二年で切り上げて帰国する
			上京が許されず、この後約二年を九州・大宰府《だざいふ》で過ごす
八〇七	大同二	34	密教に空海独自の思想を合わせて、真言宗の基礎を練る
八〇九	大同四	36	最澄の尽力もあって上京の許可が下り、入洛

八一二	弘仁三	39	高雄山寺で最澄たちに灌頂を授ける
八一六	弘仁七	43	朝廷から高野山を賜る
			『即身成仏義』を著す
八二一	弘仁一二	48	満濃池を修築
八二二	弘仁一三	49	平城《へいぜい》上皇に灌頂を授ける
			この頃『文鏡秘府論』『三昧耶戒《さんまやかい》序』を著す
八二三	弘仁一四	50	東寺を賜る
			この頃『般若心経秘鍵《はんにゃしんぎょうひけん》』を著す
八二八	天長五	55	京都に教育施設「綜藝種智院《しゅげいしゅちいん》」を創設
八三〇	天長七	57	『秘密曼荼羅《まんだら》十住心論』『秘蔵宝鑰《ひぞうほうやく》』を著す
八三五	承和二	62	空海入定《にゅうじょう》

あ

[因業／いんごう] ある現象の原因になる行為。

[因縁／いんねん] 物事の直接的な原因である因と、原因と結果を結びつける条件である縁のこと。

か

[観誦／かんじゅ] 仏さまやその世界を思い浮かべながら真言を唱えること。

[灌頂／かんじょう] 密教で、弟子の頭に水を注いで地位の上昇を承認する儀式。

[恵果和尚／けいかかしょう] 七四六～八〇五年、中国の密教僧。真言八祖の第七祖となり、『大日《だいにち》経《きょう》』と『金剛頂経《こんごうちょうきょう》』を一つの教義にまとめた。

[五戒／ごかい] 仏教者が守る五つの戒律。

さ

[三界／さんがい] 仏教思想において、人の住む世界を三つに分けたもの。食欲など本能が盛んな欲界《よっかい》、それらを逃れたが未だ物質的な存在に留まっている色界《しきかい》、物質的な制約すら超え、心のはたらきのみになった無色界《むしきかい》の三つから成る。

[懺悔／さんげ] 自分の犯した罪について、その許しを乞うこと。

[三毒／さんどく] 仏教において、人の心を害しよ

くない心を起こさせる三つの煩悩。あらゆるものを貪《むさぼ》り求める貪欲《とんよく》、思い通りにならない物事に怒る瞋恚《しんい》、仏教の真理を理解しない愚癡《ぐち》の三つから成る。

[三昧耶仏戒／さんまやぶっか] 三昧耶戒《さんまやかい》ともいう。密教を学ぶ者に与える、独自の戒律のこと。

[四生／ししょう] 仏教思想において、生き物を生まれ方によって四つに分類したもの。虫など湿ったところにいる湿生《しっしょう》、鳥など卵から生まれる卵生《らんしょう》、人など母胎から生まれる胎生《たいしょう》、天人などの化生《けしょう》の四種類。

[四摂／ししょう] 四摂法《ししょうぼう》ともいう。仏教において人を導く四つの方法。施しを与える布施、優しい言葉をかける愛語、相手に利益を与える利行《りぎょう》、平等に接する同事から成る。

[四徳／しとく] 悟りの境地がもつ、四つの優れた点。永遠に不滅であり、苦がなく、我執にもとらわれず、煩悩におかされない。

[邪見／じゃけん] よこしまな見解。

[定慧／じょうえ] 瞑想《めいそう》と心のはたらき。

[四量／しりょう] 慈悲喜捨《じひきしゃ》の四つの無量心《むりょうしん》（すべての対象を完全に満たす心）で、あらゆる相手

をいたわる気持ちのこと。
[瞋恚／しんい]→三毒
[真言／しんごん] 仏さまの教えを端的に述べた呪文。
[沈麝／じんじゃ] 沈香《じんこう》と麝香《じゃこう》。どちらも香料。
[真如／しんにょ] もの自体の真実のあり方。
[善根／ぜんごん] 善い行いや善い考えを生み出すもとのこと。
[雑染／ぞうぜん] 煩悩をより大きくする要素。
[即身成仏／そくしんじょうぶつ] 現世において、その身のまま悟りを得て仏となること。

た

[大日如来／だいにちにょらい] 密教の教主であり、宇宙の根本である仏さま。
[陀羅尼／だらに] お釈迦《しゃか》さまの時代の言葉である梵語《ぼんご》で唱える、比較的長い呪文。特に密教で重視される。

は

[抜苦／ばっく] 苦しみを取り去ること。
[八正道／はっしょうどう] 悟りを得るための修行法のこと。
[般若心経／はんにゃしんぎょう] 般若の教えを簡潔

にまとめた経典。智慧《ちえ》が完成すると、あらゆる物事が固定的な性質をもたなくなり、真実が見えると説く。

[仏果／ぶっか] 修行によって得た悟り。

[仏塔／ぶっとう] 仏舎利《ぶっしゃり》（お釈迦さまの骨）を納めた塔のこと。

[仏法／ぶっぽう] お釈迦さまの教えのこと。

[菩提／ぼだい] 仏教で得られる完全な悟り。

[発心／ほっしん] 悟りを目指すこと。

[煩悩／ぼんのう] 人の心に湧き起こり、心身を悩ませる、怒りや欲望などの雑念。

ま

[曼荼羅／まんだら] 密教の修法《しゅほう》で使われる、本尊と関連する諸仏を描いた絵画。

[無窮／むきゅう] 遮るものがなく、限りがないこと。

[無明／むみょう] もののあるがままのあり方に背いた見解。すべての煩悩の根本となる。

ら

[六塵／ろくじん] 人が認識する対象となる、六種類の物事。色《しき》（姿形）・声《しょう》（音）・香《こう》・味《み》・触《そく》（質感や温度など）・法《ほう》（概念）。

［監修］

近藤堯寛（こんどう ぎょうかん）

一九四六年、名古屋市生。高野山大学卒業。金龍寺前住職、御劔小学校 PTA 会長、保護司、名古屋拘置所教誨師、高野山真言宗教学次長、布教研究所所員などを歴任。現在、高野山桜池院住職、高野山本山布教師、高野山大学非常勤講師、伝燈大阿闍梨。著書に『空海名言辞典』（高野山出版社）、『弘法大師を歩く』（宝島社新書）、『ひと言ひと言がわかる般若心経入門』（宝島社）、『空海散歩』（筑摩書房）、『おとなの絵本・観音物語』（高野山出版社）などがある。

［画］

臼井 治（うすい おさむ）

日本画家、日本美術院 特待。愛知県立芸術大学大学院美術研修科修了。師は片岡球子。愛知県立芸術大学日本画非常勤講師、同大学法隆寺金堂壁画模写事業参加を経て、現在は朝日カルチャーセンターなどで日本画の講師を務める。また、国内のみならずリトアニア、台湾など海外での個展も開催。近年は、坂東彦三郎丈の「坂東楽善」襲名披露引出物扇子原画制作など多岐にわたり活躍中。

［参考文献］
『空海「折れない心」をつくる言葉』池口恵観（三笠書房）
『空海　黄金の言葉』宮下真、名取芳彦（永岡書店）
『心が穏やかになる空海の言葉』名取芳彦（宝島社）
『日本人のこころの言葉　空海』山口智司（創元社）
『空海　人生の言葉』川辺秀美
（ディスカヴァー・トゥエンティワン）
『人生が変わる空海　魂をゆさぶる言葉』宮下真、名取芳彦
（永岡書店）
『「腹を括れば道は拓ける」煩悩和尚の人生を変えた、空海の
言葉』吉川政瑛（マガジンハウス）
『知識ゼロからの空海入門』福田亮成（幻冬舎）

監修　近藤堯寛
画　臼井 治
装丁デザイン　宮下ヨシヲ（サイフォングラフィカ）
本文デザイン・DTP　渡辺靖子（リベラル社）
編集　山田吉之（リベラル社）
編集協力　宇野真梨子
編集人　伊藤光恵（リベラル社）
営業　津田滋春（リベラル社）
制作・営業コーディネーター　仲野進（リベラル社）

編集部　堀友香・安田卓馬
営業部　津村卓・廣田修・青木ちはる・澤順二・大野勝司・竹本健志

道をひらく 空海の言葉

2020年 7月26日　初版発行
2022年12月18日　再版発行

編　集　リベラル社
発行者　隅田 直樹
発行所　株式会社 リベラル社
〒460-0008
名古屋市中区栄3-7-9 新鏡栄ビル8F
TEL 052-261-9101　FAX 052-261-9134
http://liberalsya.com
発　売　株式会社 星雲社（共同出版社・流通責任出版社）
〒112-0005
東京都文京区水道1-3-30
TEL 03-3868-3275
印刷・製本所　株式会社 シナノパブリッシングプレス

ISBN978-4-434-27724-5　C0015　213003